Table des matières

Merci de me laisser un petit commentaire...

Des cours en ligne via WhatsApp, Zoom, Messenger

pour me **contacter** pierrerocher200@gmail.com

Production écrite 1 : Comment passer des vacances écologiques ?

La protection de l'environnement est une thématique en vogue en ce moment en raison du réchauffement climatique. Si les touristes ne prennent pas garde à cet aspect relatif à l'environnement, ils pourraient mettre en péril notre planète. C'est pourquoi il faut penser à poser des actes écologiques surtout lorsqu'on décide d'aller en vacances.

Comment d'après vous, les gens pourraient passer des vacances tout en respectant l'environnement ?

Vous exposez votre point de vue dans un texte argumenté et illustré d'exemples précis. (250 mots environ).

Modèle de réponse

Les vacances sont un moment propice pour se reposer, se ressourcer et se débarrasser du stress du travail. Mais partir en vacance ne signifie nullement oublier ses gestes écolos qui participent à préserver notre environnement. Alors quelle attitude peut-on adopter au profit de la nature ?

Tout d'abord, certaines régions touristiques sont devenues maintenant infréquentables et désertes à cause de l'insouciance et de l'irresponsabilité de certains estivants qui ont transformé ces endroits en un dépotoir : mégots, plastiques, bouteilles...Or, ce n'est pas parce qu'on passe des vacances qu'on ne doit pas respecter l'environnement.

Ensuite, le premier réflexe écologique à avoir est de choisir un moyen de transport moins polluant. Si on voyage en avion, on augmente énormément l'émission de dioxyde de carbone (CO2) dans l'atmosphère, car les avions sont les les gros pollueurs dans monde, et plus la destination est lointaine, plus l'impact environnemental sera grand.

Il n'y a rien de mieux pour passer des vacances écologiques que de promouvoir le tourisme local, car ce dernier s'effectue en train, en voiture ou en transport commun et c'est une grosse occasion pour apprécier la beauté du paysage. D'ailleurs, la tendance est de faire le voyage à vélo.

Dans le même ordre d'idée, le vacancier devrait se renseigner sur sa destination avant d'y voyager notamment grâce aux témoignages des personnes qui ont déjà visité ce lieu. Ainsi, il existe aujourd'hui plusieurs sites qui nous donne ce genre d'information.

Finalement, N'est-il pas vrai que l'école, la famille et les médias doivent sensibiliser les enfants à l'importance de respecter l'environnement dès leur bas âge ?

Production écrite 2 : demander au syndic d'organiser une réunion

Vous êtes propriétaire d'un appartement et depuis quelques temps vous avez remarqué, d'une part, que les boîtes aux lettres étaient régulièrement remplies de prospectus et de publicités et d'autre part que l'on donnait trop facilement accès à l'entrée de l'immeuble ce qui entraînait des dégradations. En tant que porte-parole des habitants de l'immeuble, vous écrivez au syndic pour lui demander d'organiser une réunion et vous expliquez les dangers du passage de personnes étrangères à l'immeuble. Vous écrirez un texte clair et cohérent de 250 mots minimum.

Prénom :
Nom :
Adresse :
Télé :
Adresse mail :

À l'attention de M. le syndic, Résidence Amane 72, N 6 Casablanca, le 21/8/2020

Objet : demande d'organiser une réunion

Monsieur,

Je me permets de vous écrire cette lettre pour attirer votre attention sur certains points essentiels à prendre en considération. Les copropriétaires de notre immeuble vous ont élu pour assurer la mission de syndic. L'année dernière vous nous n'avez pas convoqué pour une assemblée générale de copropriété.

Il n'est pas inutile de vous rappeler qu'au regard de la loi, vous êtes sensé organiser au moins par an, une réunion, et la fin de l'année en court arrive bientôt et vous n'avez pas encore appelé pour une réunion. C'est pourquoi je vous prie de le faire le plus tôt possible avant la fin de décembre.

Par ailleurs, j'aimerais vous informer de deux problèmes que les habitants de l'immeubles ont remarqués

D'une part, les boîtes aux lettres sont régulièrement remplies de prospectus et de publicités, et plus il y a de lettres, plus les habitants passent de temps à chercher les leur. À défaut du contrôle syndical, les boites aux lettres sont devenues un support de publicité sans le consentement des habitants.

D'autre part, on donnait trop facilement accès à l'entrée de l'immeuble ce qui a entrainé des dégradations considérables dans l'immeuble : murs remplis de graffitis inappropriés, vitres cassé, ascenseur abimé, allée et venue bruyante toute la nuit, musique poussée à fond, bouteilles qui jonchent les escaliers...

En tant que porte parole des habitants, je vous prie de recourir à votre autorité pour cesser ces débordements qui perturbent l'ordre et le calme qu'avait connu autrefois notre immeuble.

Vous remerciant par avance de me communiquer la date que vous aurez fixé, l'ordre du jour et une copie du budget prévisionnel.

Dans l'attente d'une réaction urgente de votre part, je vous prie d'agréer mes salutations distinguées.

Francis Guillaume,

Production écrite 3 : La parité professionnelle à l'école primaire

« J'ai lu qu'il y a encore 50 ans à l'école primaire on rencontrait 54% de femmes enseignantes et 46% d'hommes. Une quasi parité professionnelle. Mais aujourd'hui...? Aujourd'hui l'école primaire comporte 82% de femmes dans l'enseignement. Et si on ne considère les chiffres que de l'enseignement privé cela monte même à 91%. Je suis persuadée que cette situation est nocive pour les enfants, car ils n'ont plus de repères masculins ».

Intéressé par ce sujet, vous écrivez votre réaction sur le forum. En utilisant des exemples précis basé sur vos connaissances et votre expérience personnelle, vous construisez un texte cohérent et structuré et vous expliquez ainsi votre point de vue sur le problème posé par cet internaute.

Environ 250

Modèle de réponse possible

Les questions relatives à l'éducation ont souvent déclenché un débat houleux au sein de notre société. Que ce soit les programmes, la formation des enseignants, les horaires... les points de divergence sont nombreux entre les pédagogues, les politiciens et les spécialistes de l'éducation.

Hier, on a lu l'opinion de cet internaute qui pense qu'aujourd'hui la présence des femmes dans l'école primaire (publique et privée) avoisine 91% et que cette situation est nocive pour les enfants, dans la mesure où ils n'ont plus de repères masculins. Or, il y a quarante ans, selon cette personne il y avait une quasi parité professionnelle.

Il me semble que l'avis de cette personne manque de pertinence. Ce n'est pas parce que dans le passé il y avait une parité qu'on doit la maintenir aujourd'hui. En effet, les choses changent et évoluent ce qui était valable autrefois, ne l'est plus aujourd'hui : les méthodes, les contenus, les finalités...

En plus, c'est les hommes en l'occurrence les enseignants qui désertent l'école primaire au profit du collège et du lycée, ce n'est pas donc la faute à la gente féminine. D'ailleurs les femmes sont les plus aptes à mieux éduquer les petits-enfants, elles sont plus patientes, affectueuses, bienveillantes. En cas de divorce, n'est-il pas vrai que la Cour accorde la tutelle des enfants à la maman ?

Par ailleurs, plusieurs parents exigent que le staff éducatif soit constitué de femmes étant donné que certains enseignants sont accusés d'abus sexuel et d'attouchements sur des écoliers, tout genre confondu. Ainsi, plusieurs parents ont peur que leurs enfants ne soient victimes d'enseignants pédophiles.

Au terme de cette réflexion, la parité professionnelle à l'école primaire est une fausse question. La vraie question est la compétence professionnelle qui détermine lequel ou laquelle est à même de dispenser un enseignement de qualité.

Production écrite 4 : Le partage des tâches en entreprise

Vous travaillez dans une entreprise francophone. Votre collègue, qui occupe une fonction similaire, est partie en congé maternité et aucun remplacement n'est prévu. Vous écrivez à votre directeur en lui expliquant votre situation. Vous rappelez vos fonctions. Vous lui faites part de vos inquiétudes quant à votre charge de travail. Vous exposez votre point de vue dans un texte argumenté et illustré d'exemples précis. (250 mots environ)

Prénom :
Nom :
Adresse :
Télé :
Adresse mail :

À l'attention de
M. le directeur,
société APNET
Paris, le 21/5/2020

Objet : remplacement d'un collègue

Monsieur le directeur,

Je me permets de vous écrire cette lettre pour attirer votre attention sur le départe en congé de ma collègue Christina, alors qu'aucun remplacement n'est encore prévu.

En effet, nous avons tous les deux la mission de répondre aux réclamations des clients des sites e-commerces que nous prenons en charge. Or, à défaut d'un remplacement ou d'un recrutement, notre entreprise APNET ne pourra pas honorer ses engagements envers nos clients. Permettez-moi de vous rappeler Monsieur que chaque jour nous rédigeons en moyen une quarantaine de mails. Il faut savoir que ce n'est pas parce que nous effectuons moi et Christina les mêmes tâches que je peux faire le travail tout seul.

Dans cette perspective, plus il y a de retard, plus on perd des clients. Malheureusement, Cette semaine nous avons reçus des dizaines de réclamations des différents sites e-commerce qui s'inquiètent sur l'absence de réactivité de notre part.

S'il est vrai qu'il est difficile de remplacer Christina, il n'en demeure pas moins vrai que vous pourriez faire appel aux services d'un rédacteur freelance pour une durée de trois mois, le temps que notre collègue se rétablisse. Je peux l'encadrer et lui montrer les missions qui nous sont confié.

Il est urgent Monsieur de prendre des mesures dans ce sens sinon notre boite émail recevra chaque jour des avalanches de mails.

Confiant dans la suite favorable que vous saurez donner à ma requête, je vous prie d'agréer, Monsieur le directeur, l'expression de ma très haute considération.

Nicola

Rocher

Production écrite 5 : Vidéosurveillance dans l'entreprise

> Avec les nouveaux outils technologiques, les patrons peuvent-désormais filmer les salariés. Il est vrai que la loi autorise les chef d'entreprise à contrôler l'activité de leurs salariés sur leur temps et lieu de travail, mais jusqu'où peuvent-ils épier/surveiller les employés ?

La vidéo a vu le jour, il y a à peine une cinquantaine d'années. À ses début ,c'était un moyen de vulgarisation du champ cinématographique. Par la suite, le progrès technique a donné naissance à la vidéosurveillance, changeant ainsi son but premier. Aujourd'hui, la vidéosurveillance est largement utilisée en entreprise. Dans cette perspective, l'on pourrait se demander jusqu'où peut-on épier les salariés ?

Dans les années 1930 , le film les temps modernes de Charlie Chaplin, anticipait le côté néfaste du progrès technique ,non seulement à travers le travail à la chaîne , mais aussi à travers la vidéosurveillance que le patron de l'usine a mis en place pour épier ses ouvriers. En ce sens, cette surveillance serait une atteinte à la liberté individuelle, si le patron utiliserait la caméra sans le consentement/ acceptation des employés. De plus cette vidéosurveillance, grâce à sa banque de données, c'est-à-dire par ses enregistrements pourrait servir à des fins commerciales sans l'avis des salariés concernés. La législation, aujourd'hui a mis en place tout un dispositif pour limiter les abus de cette pratique. Sans doute, plus on installe des caméras dans les lieux de stockage, dans les entrepôts, plus on lutte le vol. aussi, il n'y a rien de mieux que d'installer la vidéosurveillance au niveau de la porte pour contrôler les entrées et les sorties et par conséquent surveiller le respect du temps de travail. Dans ce sens, la loi l'autorise sous certaines conditions bien précises, non pour épier les ouvriers mais pour la sécurité des machines défaillantes ou pour la détection d'un début d'incendie.

Toutefois, filmer les salariés de façon permanente, y compris à leur poste de travail est une atteinte à leur intimité. En plus, épier les salariés ne pourrait en fait qu'engendrer un malaise au sein de la société. Et ce n'est pas parce qu'on a installé des caméras dans les entreprises que l'on va augmenter le rendement et la rentabilité.

De plus, cette pratique n'implique en aucun cas un travail fait avec amour et conscience de la part des salariés.

Production écrite 6 : La violence contagieuse des écrans

Les jeunes et les adolescents d'aujourd'hui sont passionnés par les jeux vidéos et les films d'action. Certains spécialistes de l'éducation pensent que cela pourrait constituer un grand danger sur ces tranches d'âge de la population qui deviendraient eux mêmes des personnes violentes.

Vous rédigerez un texte argumentatif dans lequel vous exposerez votre point de vue appuyé par des arguments pertinents et des exemples probants. 250 mot

Récemment, les vidéos les plus vus sur YouTube sont celles qui expliquent comment gagner aux jeux vidéos et celles qui diffusent des films d'action. Sans aucun doute, les jeunes et les adolescents sont le premier public de ce genre de loisirs. Cependant, le contenu de ces jeux vidéos et de ces films pourraient inciter cette couche

Je pense que certains films et certains jeux vidéos pourraient inciter les jeunes à la violence.

D'abord, plus les jeunes passent leurs temps à jouer des jeux vidéo violents plus ils deviennent agressifs et belliqueux. Ainsi, beaucoup de jeunes et d'ado se sont suicidés à cause du jeu de la baleine bleue.

Ensuite, il n'y a rien de pire pour les jeunes que de voir abusivement des films d'action et d'horreur.

En effet, à force d'être exposé à certaines formes de violence : tuerie, massacre, égorgement... la personne finit par être influencée par ces images et pourrait les reproduire. L'exemple le plus frappant est celui des jeunes aux USA qui rentrent aux lycées ou à la fac avec des mitrailleuses et commencent à tuer leurs camarades de classe.

En plus, c'est parce que les médias diffusent des images de guerre à la télé : guerre de Daech, la Syrie, l'Egypte... que certains de nos jeunes quittent notre pays pour aller combattre avec les terroristes. Enfin, des émissions comme des dangereux criminels, la scène du crime ne participent-elle pas à faire propager la violence auprès de nos jeunes et ado ?

La violence est aux jeunes, ce que le tremblement de terre est au pays : celui-ci détruit des infrastructures, celle-là détruit les valeurs de la société.

Production écrite 7 Demande au directeur d'instaurer le télétravail

Vous êtes de plus en plus nombreux dans votre entreprise à avoir des enfants en bas âge. De plus, vous souffrez du manque d'espace dans vos bureaux. Au nom de vos collègues, vous écrivez au directeur pour lui demander à ce que chacun puisse travailler chez lui. Vous lui indiquez les avantages du travail à distance (en plus de ceux déjà cités) Et le bénéfice que l'entreprise pourrait en tirer. (250 mots)

Prénom :

Nom :

Adresse :

Âge :

Télé :

Adresse mail :

Hay Mansour 38 N 9 Rabat Rabat, le 21/3/2021

À l'attention de M. le directeur

Objet : travailler à distance

Monsieur,

Je vous écris cette lettre au nom de tous mes collègues pour vous demander d'instaurer le télétravail pour les bénéfices que notre entreprise pourrait en tirer.

D'abord, plusieurs collègues ont des enfants en bas âge et trouvent une grande difficulté à leur trouver une babysitteur ; ensuite, le manque d'espace dans nos bureaux est une autre raison qui rend le travail au sein de l'entreprise très difficile et la mobilité quasi impossible.

Par ailleurs, la plupart des entreprises en France ont opté pour le télétravail et sont plus productives. En effet, plus on adopte le télétravail plus on gagne du temps et moins on subit le stress causé par les embouteillages. Ainsi, nos collègues accomplissent leurs tâches dans de meilleures conditions. En plus la plupart des grandes entreprises mondiales comme Google, Amazon, d'Appel, l'ont adopté.

Monsieur, certains pourraient rétorquer qu'à la maison le salarié ne va pas plus travailler. N'est-il pas vrai que l'ensemble de nos personnels continuent à travailler de chez eux le soir pour honorer nos engagements avec nos clients ? combien de foi, le directeur financier a fait des nuits blanches pour terminer son travail ? D'ailleurs, ce n'est pas parce qu'on est au bureau que l'employé va accomplir toutes ses tâches. Combien de salariés se rendent au

bureau et passent leurs temps sur les réseaux sociaux ou devant le distributeur café ? À cet égard, le présentéisme n'est pas synonyme de rentabilité et de productivité.

J'espère que vous allez prendre en considération le vœu de vos salariés.

En attendant une réunion où vous nous donnez votre avis sur le sujet, je vous présente mes salutations distinguées

SIGNATURE Ilham inspiration

Production écrite 8 : Annulation du festival de cinéma

Vous vivez dans une ville française et votre maire vient de décider d'annuler le festival du cinéma organisé chaque année en raison de difficultés financières. Vous lui écrivez pour contester cette décision et expliquer pourquoi cet événement culturel joue un rôle important dans la vie des habitants. (250 mots environ)

Prénom :

Nom :

Adresse :

Âge :

Télé :

Adresse mail :

À l'attention de

M. le Maire

Paris   2

arrondissement N 77

Paris, le 25/11/2020

Objet : demande de maintenir le festival du cinéma

Monsieur le Maire,

Personne ne peut contester le rôle important que vous jouez pour le développement de notre ville sur tous les plans : économique, social, culturel..., les habitants de notre ville ne regrettent pas la confiance qu'ils ont mise en vous.

Cependant, votre décision d'annuler le le festival du cinéma organisé chaque année en raison de difficultés financières a déçu les citoyens de votre ville. Il est vrai que le budget alloué à la mairie ne permet pas de financer cet événement, mais ce n'est pas une raison pour l'annuler.

Le cinéma est à la ville, ce que la forêt est à la terre, ses poumons qui lui permettent de respirer. Les citoyens attendent avec impatience ce festival qui constitue pour eux une véritable échappatoire, un lieu de rencontre et une ouverture sur d'autres horizons culturels. De plus, ce festival génère pour la ville un chiffre d'affaires très important grâce aux touristes qui redynamisent l'économie locale : hôtels, restaurants, cafés, grandes surfaces etc.,

Monsieur le Maire, les acteurs sociaux et économiques de la ville sont prêts à soutenir financièrement ce festival pourvue qu'il soit maintenu. Force est de remarquer qu'il n'y a rien de mieux pour promouvoir notre ville que l'organisation de cet événement international.

Nous sommes sûrs et certains que vous allez prendre en considération notre demande et ce dans l'intérêt général de la ville.

Dans l'attente de votre réponse, je vous prie Monsieur le Maire d'agréer mes salutations les plus respectueuses.

Francis Ange

Production écrite 9 : Internet, une communication virtuelle ?

Votre magazine préféré vient de publier un reportage où il fait l'éloge d'Internet. Selon vous, c'est un outil qui rend la communication de plus en plus virtuelle. Vous écrivez un article où vous faites part de votre inquiétude et où vous proposez des solutions pour éviter qu'Internet ne devienne le centre d'une vie sociale déconnectée. (250 mots environ).

Internet : une communication virtuelle

De nos jours, plusieurs médias font souvent l'éloge d'internet : télévisions, radios, journaux, magazines etc., Dans ce sens, le dernier reportage publié par mon magazine préféré est une apologie de cet outil « magique » qui réduirait la distance entre les gens.

Sans doute, les avantages d'internet sont nombreux : offre d'emploi, achat en ligne, rapidité de la recherche de l'information, communication à travers les réseaux sociaux...

Néanmoins, cette toile d'araignée est en train de changer nos relations sociales. En effet, la communication de vives voix a fait place à une pseudo communication qui a bouleversé nos rapports sociaux. N'est-il pas vrai qu'autour de la table, les membres de la famille sont déconnectés entre eux et sont branchés sur les réseaux sociaux ?

on dirait que le smartphone fait désormais parti du couvert de table ! son rôle consisterait à rompre la communication familiale.

De plus, parfois cette communication virtuelle qu'offre internet pourrait avoir un aspect pathologique, ainsi, plusieurs centres de traitement ont vu le jour pour soigner les personnes addictes à la toile d'araignée.

Dans cette perspective, on craint qu'internet ne devienne le centre d'une vie sociale déconnectée. Malheureusement, plus la technique gagne de l'espace, moins les humains communiquent. Certaines études ont révélé que l'usage abusif d'internet enfoncerait l'individu dans la solitude et dans la dépression.

Rappelons qu'il ne s'agit nullement de bannir internet, mais d'en faire un usage rationnel et modéré. Il serait profitable d'enseigner aux enfants le bon usage d'internet dès le primaire et leur apprendre les vertus de la déconnexion pour se recentrer sur l'essentiel à savoir : dialoguer avec nos semblables, les écouter et échanger avec eux.

S'il est vrai qu'internet est devenu un outil indispensable aujourd'hui, il est aussi vrai qu'il est en train de métamorphoser nos rapports sociaux. N'est-il pas vrai que surfer sur internet en présence d'une personne qui nous parle serait un manque de respect à son égard ?

Production écrite 10 : Protester contre la construction d'une autoroute

Vous habitez un pays francophone et le maire de votre ville a annoncé la création prochaine d'une autoroute passant par votre commune. Vous écrivez au maire, au nom d'une association locale, pour protester contre cette future autoroute. Vous montrez que vous connaissez les avantages de ce projet, mais vous êtes contre et expliquez pour quelles raisons. (250 mots environ).

Prénom :

Nom :

Adresse :

Âge :

Télé :

Adresse mail :

À l'attention de M. le Maire2 Mars, N 30 Casablanca

Casablanca, le 10/7/2019

Objet : demande d'annuler la création d'une autoroute

Monsieur le Maire

J'ai l'immense plaisir de vous écrire cette lettre au nom de notre association « *Ville Verte* », pour vous exprimer notre gratitude quant à la dynamique que vous avez apporté à notre ville, et pour vous parler aussi du projet relatif à la prochaine autoroute.

Certes, cette autoroute permettra de relier Casablanca à Tit Mlil et partant faire aux gagner beaucoup de temps aux usagers de la route. Il est vrai aussi que ce projet réduira les longs bouchons qui stressent les conducteurs.

Cependant, Monsieur le Maire, cette future autoroute, pourrait créer plusieurs problèmes à notre commune. En effet, le Jardin des Prés serait rasé au profit de la construction de cette autoroute, et vous savez que le grand espace vert constitue le poumon de notre commune. D'ailleurs, plus les véhiculent traversent nos boulevards, plus la qualité de l'air baisse et plus les maladies respiratoires se propagent.

Il n'y a rien de pire pour notre commune qu'une autoroute dont les répercussions seront désastreuses sur l'économie locale. N'est-il pas vrai que cette autoroute obligera les restaurants, les cafés, les boutiques à fermer ?

Par ailleurs, au lieu de cette autoroute, la mairie pourrait opter pour un tunnel souterrain en parallèle avec le réseau ferroviaire.

Tous les citoyens de la commune vous seront reconnaissants si vous prenez en considération leur souhait.

En vous remerciant pour l'attention que vous voudrez bien prêter à cette demande, je vous prie de croire Monsieur le Maire, à l'assurance de ma parfaite considération.

Badis Marwan

Production écrite 11 : Une catastrophe écologique

Vous avez lu un reportage choquant sur les pratiques d'une entreprise qui provoque une catastrophe écologique.

Vous écrivez au courrier des lecteurs du journal qui a publié ce reportage pour partager votre indignation et proposer des pistes d'action. Vous exposez votre point de vue dans un texte argumenté et illustré d'exemples précis.

(250 mots environ)

Le reportage publié la semaine dernière dans le journal *Le Monde,* sur la menace d'une catastrophe écologique a suscité une colère grandissante chez la population.

L'entreprise Xanix, qui fabrique de la plastique a déversé cette année des tonnes de produits chimiques dans la mer. À force de vouloir augmenter son chiffre d'affaires, tous les moyens sont bons, quitte à polluer le littoral.

Les conséquences de cette calamité sont gravissimes : pollution de l'eau de mer, morts de poissons, morts des oiseaux, maladie de la peau pour les baigneurs etc., à titre d'exemple, certaines tortues prennent les sacs plastique pour des méduses qui sont leur nourriture préférée et s'étouffent en les avalant.

Non seulement, ces déchets toxiques font des dégâts au niveau de la faune et la flore marine, mais aussi au niveaux des plages qui deviennent comme un grand dépotoir de plastique. De plus, certains poissons sont devenus toxiques parce qu'ils contiennent des micro-plastiques dans leur organisme.

N'est-il pas vrai que le gouvernement assume la grande responsabilité dans cette catastrophe écologique en laissant l'entreprise Xanix détruire notre environnement ? combien de fois, la société civile et les médias ont-ils tiré la sonnette d'alarme mais en vain ?

C'est parce que l'impunité règne dans notre société que ce genre d'entreprise gagne des sommes faramineuses au dépend de notre environnement.

Certes, les citoyens organisent des ramassages de déchets sur les plages de notre ville, mais ces actions sont vouées en échec tant que le monstre Xanix continue de déverser les déchets plastiques.

Il est urgent de prendre des mesures contre cette entreprise si on veut préserver notre nature et éviter un fléau imminent.

Production écrite 12 : amener les animaux au lieu du travail

> **Est-il bien et bénéfique d'amener son chat ou son chien au bureau ?**

Sérieux, rigueur et précision, tels sont les mots d'ordre dans la plupart des lieux de travail. Emmener son animal de compagnie avec soi à son bureau est devenu dernièrement / récemment en vogue dans les entreprises. Mais les avis divergent/ diffèrent quant à la présence d'animaux pendant les heures de travail.

Est-il donc bien de travailler avec son chien ou son chat au bureau?

Il est vrai que certains pensent que les animaux sont une source de distraction et d'amusement. Il est par conséquent impossible pour eux de se concentrer sur leurs tâches. Ils pensent également que les besoins de l'animal constituent une occupation permanente pour son maître : Il doit s'occuper de lui, lui donner un manger, faire sa toilette...etc. Ainsi, le travail se retrouve suspendu et n'est accompli qu'à moitié.

Mais je pense que les animaux peuvent constituer un avantage/atout considérable dans le milieu du travail. Contrairement à ce que nous pouvons penser, plusieurs études ont démontré que, les animaux augmentent le taux de concentration au bureau. Ce n'est pas parce que nos animaux sont autour de nous que notre concentration sera en baisse! Au contraire même! Les statistiques indiquent que la productivité en présence d'animaux est bien plus élevée qu'en temps normal. De plus, un chien ou un chat présents sur les lieux du travail rendraient la pause plus agréable. En effet, plus nous passons notre temps de pause avec ces créatures, plus nous abandonnons les mauvaises habitudes comme le tabagisme ou le commérage. Notre attitude est de ce fait positivement impactée et cela nous donne assez d'énergie pour continuer le travail agréablement. L'exemple le plus frappant est celui de Google et d'Amazon, qui ont adopté un modèle où les animaux font partie de l'environnement du travail.

En guise de conclusion, je pense que la présence des animaux sur les lieux du travail ne pourrait être que productif à tous les plans. Ceci dit, il faut d'abord que ces petites bêtes soient habituées à la présence humaines pour ne pas perturber l'ambiance du travail.

Production écrite 13 : végétarien et végan

Sujet

Pourquoi y a t-il de plus en plus de végétarien et de vegans ? Et que pensez vous de ce mode de vie ?

De nos jours le nombres de végétariens augmente de plus en plus. Ces personnes bannissent la consommation de tout type de viande : rouge, poulet, poisson et même les produits laitiers, est-ce vraiment bon pour la santé ?

Dans le raisonnement qui suit, nous allons voir que dans la vie il faut garder un équilibre alimentaire entre végétarien et carnivore.

D'une part, cette nouvelle tendance alimentaire se propage/répand de plus en plus dans les pays européens. En effet, de nombreuses études ont démontré qu'une alimentation végétarienne diminue les risques de maladies cardiovasculaires, du cancer et aussi le risque de mortalité. De plus, ce régime met fin à l'obésité car les viandes grasses sont à l'obésité, ce que le sucre est au diabétique.

Dans le même ordre d'idée, grâce à ce mode d'alimentation, les végétariens et les vegans, luttent contre la maltraitance animalière dans les fermes et dans les abattoirs et il n'y a rien de mieux pour soulager les animaux que d'être végétarien.

D'autre part, les végétariens manquent de vitamines et de protéines qui se trouvent en grande quantité dans les viandes. Donc plus nous nous éloignons de la viande plus notre corps s'affaiblit. En outre/ en plus, si nous ne consommons pas de viande, les éleveurs de bovins (vaches, taureaux, bœufs) et les éleveurs d'ovins (moutons chèvres,) vont faire faillite et seront obligés de quitter la campagne pour la ville. À ce propos, plusieurs fermes en France lors de la pandémie du coronavirus ont souffert d'une crise atroce. Plus de bétails, moins de ventes et plus de charges.

Par ailleurs, si Dieu a créé les animaux c'est pour les manger au même titre que les végétaux, les graines, les légumineuses...

Au terme de cette réflexion, je pense que nous ne devons pas changer la nature humaine en modifiant l'alimentation que nos ancêtres ont toujours consommée, mais il faut savoir raison garder et manger équilibré.

Production écrite 14 : Les caméras en classe

Aujourd'hui, certaines personnes défendent l'installation des caméras en classe, d'autres s'y opposent. Vous rédigerez un texte argumentatif dans lequel vous avancez les arguments des partisans, des opposants avant de conclure avec une synthèse.

250 mots

L'école est un lieu de savoir, d'apprentissage et d'éducation. Cette institution joue un rôle très important dans la mesure où elle prépare l'avenir des élèves. Récemment, plusieurs établissements scolaires ont équipé leurs salles par des caméras, ce qui a déclenché une polémique entre partisans et opposants.

Alors, l'installation de ces appareils de surveillance est-il bénéfique pendant l'acte pédagogique ?

Il est vrai que les caméras en classe permettent à l'administration de surveiller les élèves et les enseignants, il est vrai qu'en cas de vol, de dispute, l'enregistrement permet de reconnaitre les coupables.

Cependant, en ce qui me concerne, je pense que les caméras n'ont pas un grand rôle éducatif dans l'enseignement-apprentissage et cela pour les raisons suivantes :

D'une part, ce n'est pas parce qu'on a installé des caméras en classe que les élèves ne vont plus tricher, en effet, malgré la présence des caméras ou de surveillants les apprenants recourent aux antisèches. les exemples sur YouTube sont nombreux.

D'autre part, l'école est un lieu d'éducation et non une prison. N'est-il pas vrai que les caméras de surveillance ont pour but de protéger les centres commerciaux, les villas, les banques des criminels ? Ainsi, à force de vouloir surveiller les élèves, on finit par oublier de les éduquer.

Enfin, les élèves sont encore des adolescents, c'est tout-à-fait normal qu'ils font parfois des bêtises et disent des sottises. À cet égard le rôle de l'école est de chercher des activités et des contenus qui touchent les centres d'intérêts des élèves. Et par conséquent plus ils sont concentrés, moins on a besoin de les surveiller.

Production écrite 15: Les écrans, un danger pour nos enfants et nos adolescents !

> Aujourd'hui, les enfants et les adolescents passent de plus en plus de temps sur les écrans. Les parents s'inquiètent de ce constat et ne savent pas comment s'y prendre.
>
> Que pensez-vous de ce phénomène ?

Vous rédigerez un texte argumentatif dans lequel vous exposerez votre point de vue appuyé par des arguments pertinents et des exemples probants. 250 mots

De nos jours, les enfants et les adolescents passent en moyenne quatre heures par jour sur les écrans : smartphone, tablette, ordinateur. Nous assistons à une véritable révolution numérique qui touche surtout les adolescents et les enfants, ce qui suscite une certaine crainte chez les parents qui sont désarmés face à ce phénomène. Alors une question s'impose quelle attitude doit-on maintenir (avoir) vis-à-vis de cet usage des écrans ?

Il est vrai que l'usage excessif des écrans pourrait avoir des répercussions dangereuses sur nos enfants et nos adolescents, mais il ne s'agit pas d'interdire une fois pour toute l'utilisation de ces nouvelles technologies.

Force est de constater qu'il est prouvé scientifiquement que l'exposition précoce et excessive aux écrans a un impact sur le développement psychologique et cérébral des petits. Certains enfants et adolescents souffrent des troubles des yeux suite à une longue exposition aux différents écrans.

Cependant, est-ce que ces enfants et ces adolescents sont-ils victimes ou responsables de leurs actes ? sans doute la grosse part de responsabilité revient aux parents. Ces derniers, à défaut de consacrer du temps à leurs progénitures pour communiquer et jouer avec eux, ils leur achètent des tablettes, des Playstations et des smartphones. Ces écrans deviennent donc comme des nounous et des babysitteurs qui gardent les enfants et font le travail à la place des parents qui ne veulent pas être dérangés par leurs petits.

Il n'est pas étonnant si après un certain temps, les adultes se plaignent de cet usage excessif des écrans de la part de leurs rejetons. Que faire alors ? Il ne s'agit pas d'interdire l'usage des écrans mais de de le doser. D'abord, il vaut mieux fixer un temps à ces gadgets, une vingtaine de minutes par exemple. Ensuite, introduire l'humain dans cette relation des enfants et des adolescents à la machine. Ainsi, les enfants et les adolescents font un compte rendu de ce qu'ils ont effectué sur ces outils numériques ; de la machine, on passe donc à la verbalisation, à la discussion où les parents encadrent et conseillent les jeunes enfants. En plus, les parents peuvent utiliser ces technologies pour développer le goût de la lecture chez les enfants. Si l'adolescent aime une histoire, alors ses parents lui offrent sa version papier. Plus les enfants et les adolescents manipulent ces écrans, plus les parents essaient d'en tirer un profit pédagogique.

Au terme de cette réflexion, les écrans ne doivent pas faire écran (Empêcher de voir, d'entendre, de comprendre. Les grands arbres devant la maison font écran à la rumeur de la rue et à la curiosité des passants) au dialogue entre parents/enfants. Mais les parents et l'école doivent apprendre aux enfants et aux adolescents l'étique du débranchement, qu'ils ont le droit à la connexion mais aussi le droit à la déconnexion.

Production écrite 16 : Supprimer le port de l'uniforme au lycée

Le directeur de votre lycée bilingue prévoit de

– supprimer

ou

– d'imposer le port de l'uniforme par les élèves.

Choisissez une des deux situations.

En tant que représentant des élèves, vous êtes chargé(e) d'écrire une lettre au directeur. Vous vous opposez à ce projet en vous appuyant sur des exemples précis, et en montrant les risques possibles d'une telle décision.

Première réponse possible : – supprimer

Prénom :
Nom :
Adresse :
Télé :
Adresse mail :

À l'attention de M. le directeur du lycée Albayda Casablanca, le 21/5/2020

Objet : demande d'annuler la décision interdisant le port de L'uniforme

Monsieur,

Je suis très honoré de vous écrire cette lettre en tant que représentant des élèves pour vous témoigner d'abord de la satisfaction des lycéens des efforts que vous avez déployés au profit de notre établissement.

Monsieur la dernière décision que vous avez prise avec le conseil de gestion du lycée a suscité une grande déception chez les élèves et surtout chez les parents. En effet, supprimer le port de l'uniforme est synonyme de laisser-aller au sein du lycée.

D'une part, ce n'est pas parce qu'on interdit le port de l'uniforme que c'est un signe de liberté. Notre lycée doit garder sa bonne réputation qui apparaît d'abord dans la tenue vestimentaire unifiée des élèves. Ni les enseignants, ni l'équipe administrative n'aimeraient voir des jeans déchirés, des jupes et des robes ultras courts, des pantalons à taille basse dont on voit le haut de son string, des styles rappeurs...

À force de voir les élèves avec de tels accoutrement, les gens finissent par croire que le lycée a démission de ses fonctions et qu'il est devenu un   discothèque où s'amusent les adolescents.

D'autre part, vous n'êtes pas sans savoir que certains élèves appartiennent à une classe sociale moyenne et leurs parents n'ont pas donc les ressources financières pour leur acheter des vêtements de marque. Et par conséquent, plus ces élèves voient leurs camarades changer régulièrement de vêtements, plus ils seront frustrés et dévalorisés ; certains élèves pourraient même en vouloir à leurs parents qui n'arrivent pas à subvenir à leurs besoins dans ce sens.

Finalement, non seulement le port de l'uniforme supprime les différences entre les élèves, mais il prépare ceux-ci à s'intégrer plus tard dans le marché de l'emploi qui exige des candidats dont la tenue vestimentaire est soignée.

Je suis sûr que vous allez Monsieur le directeur renoncer à cette décision pour le bien de notre lycée.

Dans l'attente d'une réponse favorable de votre part, je vous prie d'accepter mes salutations les plus distinguées.

Signature

Mohammed Yassine.

Production écrite 17 : Imposer le port de l'uniforme par les élèves.

Le directeur de votre lycée bilingue prévoit de

– supprimer

ou

– d'imposer le port de l'uniforme par les élèves.

Choisissez une des deux situations.

En tant que représentant des élèves, vous êtes chargé(e) d'écrire une lettre au directeur. Vous vous opposez à ce projet en vous appuyant sur des exemples précis, et en montrant les risques possibles d'une telle décision.

Prénom :
Nom :
Adresse :
Télé :
Adresse mail :

À l'attention de M. le directeur du lycée Albayda

Casablanca, le 21/5/2020

Objet : demande d'annuler l'imposition du port de l'uniforme

Monsieur,

Au nom des élèves de notre lycée, je tiens tout d'abord à vous exprimer notre notre gratitude et notre reconnaissance eu égard aux efforts que vous avez déployés au profit de notre établissement.

Monsieur, votre décision d'imposer le port de l'uniforme a suscité un grand mécontentement chez les élèves. Certes, vous avez pris cette mesure pour le bien de l'école, moins de différence entre les élèves et plus d'égalité, c'est très louable de votre part.

Cependant, cette décision n'est que l'arbre qui cache la forêt. En effet, à quoi sert d'uniformiser la tenue vestimentaire alors qu'en société les différences sont manifestes ? n'est-il pas judicieux que le lycée se doit de s'ouvrir sur la société et s'il y des dysfonctionnements, c'est par le débat qu'on parvient à les résoudre ? interdire n'est jamais la bonne solution.

En plus, ce n'est pas parce que vous imposer le port de l'uniforme que vous allez supprimer les différences. D'autres objets font distinguer les élèves riches : les chaussures, la montre, les bagues en or, les parfums de marque...

Enfin, c'est qu'il faut changer ce n'est pas l'aspect vestimentaire, mais les mentalités pour qu'elles apprennent à mieux vivre avec les différences.

Dans l'attente d'une réponse favorable de votre part, je vous présente au nom de tous les lycéens, nos respects les plus profonds.

Nada

SIGNATURE

Production écrite 18 : Le phénomène du télétravail

Aujourd'hui de plus en plus d'entreprises et de jeunes optent pour le télétravail. Que pensez-vous de ce phénomène ?

Vous exposez votre point de vue dans un texte argumenté et illustré d'exemples précis. (250 mots environ).

Le monde aujourd'hui assiste à une transformation du mode du travail. Aucune entreprise publique ou privée, grande ou petite ne peut se passer d'ordinateur et d'internet, d'où le phénomène du télétravail. Certes, ce travail à distance a plusieurs avantages indéniables, mais il nécessite encore une réglementation.

D'abord, certaines entreprises ont opté pour le télétravail pour faire gagner beaucoup de temps à leurs salariés. En effet, ce travail à distance permet aux salariés d'éviter les embouteillages qui ont un impact négatif sur le moral et sur l'environnement : pollution de l'air et pollution sonore.

Ensuite, n'est-il pas vrai que le travail à distance est plus approprié à certaines personnes : ceux qui habitent loin, les handicapés, les femmes enceintes... ? De plus, la plupart des salariés de Google, d'Amazon, d'Appel, des journalistes adoptent le télétravail. L'expérience a montré que les entreprises sont plus productives, performantes, et plus rentables quand elles adoptent le télétravail ne serait-ce que deux jours par semaine. En outre, il n'y rien de mieux que le télétravail pour rendre les horaires plus souples.

Par ailleurs, ce n'est pas parce qu'on travaille de chez soi que notre travail n'a pas de valeur. D'ailleurs, combien de salariés qui se rendent au bureau passent leurs temps sur les réseaux sociaux ou devant les distributeurs café ? À cet égard, la présence au lieu du travail n'est pas synonyme de rentabilité et de productivité.

Au terme de ce raisonnement, le télétravail exige des conditions pour sa réussite. la personne se doit de mieux gérer son temps entre préoccupation familiale : enfants, faire les courses, ... et tâches professionnelles ; et il est nécessaire donc d'avoir une connexion internet à haut débit pour pourvoir accomplir ses missions dans de bonnes conditions.

Production écrite 19 : Arrêt d'apprentissage du français

Votre enfant vous annonce qu'il/elle souhaite arrêter l'apprentissage du français à l'école parce qu'il/elle n'apprécie pas les méthodes de son professeur. Vous écrivez à celui-ci afin de lui faire part de votre avis de façon claire mais diplomatique. Vous lui expliquez votre façon d'envisager l'éducation et en particulier l'apprentissage d'une langue étrangère et vous lui proposez de le rencontrer. Vous exposez votre point de vue dans un texte argumenté et illustré d'exemples précis. (250 mots environ).

Modèle de Production écrite

Prénom :
Nom :
Adresse :
Âge :
Télé :
Adresse mail :

À l'attention de M. Tomi, professeur au Lycée Yassine

Casablanca, le 10/7/2020

Objet : demande d'une rencontre

Monsieur Tomi

Je suis Balhaj, le Père de Omar qui étudie chez vous en terminale lettre. Je tiens tout d'abord à vous remercier pour la qualité de votre enseignement notamment en premier semestre.

En effet, mon fils appréciait beaucoup votre pratique enseignante : la technique des exposés à faire devant la classe, et le débat pour et contre. Il était tellement passionné par votre démarche qu'il nous en faisait part chaque jour.

Toutefois, j'ai été étonné d'apprendre de la part de ma femme que mon fils voudrait arrêter l'apprentissage du français en raison de votre nouvelle façon d'enseigner le français, à savoir le cours magistral. Je comprends Monsieur que la nature du cours vous amène à adopter telle ou telle méthode, je comprends bien les conditions dans lesquelles vous travaillez et les contraintes du temps que vous devez respecter.

Mais vous serez d'accord avec moi que les approches interactives attirent l'attention des apprenants, piquent leur curiosité et facilitent leur apprentissage. Il n'y rien de mieux pour un élève qui apprend une langue étrangère, en l'occurrence, le français, que d'être impliqué par son enseignant dans l'élaboration du cours. Plus l'élève participe à l'élaboration du cours, plus il sera attentif et moins il sera distrait en classe. Vous connaissez surement l'adage qui dit : dis-moi et j'oublie, montre-moi et je me rappelle peut-être et implique-moi et je retiens.

Je vous serais très reconnaissant Monsieur si vous m'accorder une rencontre où je pourrais échanger avec vous.

En vous remerciant pour l'attention que vous voudrez bien prêter à cette demande, je vous prie de croire à mes sentiments les plus distingués.

Balhaj Mohammed

Production écrite 20 : Contestation de clauses abusives

Vous avez réservé un billet d'avion aller-retour pour la France où vous vous rendez pour la remise d'un prix que vous avez gagné. Pour des raisons personnelles, vous ratez votre vol aller, et pensez devoir acheter un autre billet aller sur une autre compagnie. Mais vous apprenez alors que vous n'avez plus le droit d'utiliser votre billet retour pourtant dûment réservé, et qu'il vous faudra aussi le racheter. Vous écrivez à la compagnie pour expliquer la situation et protester. (250 mots environ).

Prénom :
Nom :
Adresse :
Âge :
Télé :
Adresse mail :

À l'attention de Madame la

directrice de la
RAM

Casablanca, le
03/7/2020

Objet : Contestation d'une décision abusive

Madame,

Le 6 mai dernier, j'ai acheté sur le site web de votre agence un aller-retour Casablanca-Paris avec un départ prévu le 1 juin. En effet, je devais me rendre à Paris pour recevoir le prix que j'ai gagné dans le concours international de dictée.

Malheureusement, le jour de mon voyage, ma femme a eu une fausse couche et j'ai dû l'emmener à l'urgence pour recevoir les soins nécessaires. Son état critique exige que je sois auprès d'elle ; c'est pourquoi j'ai raté donc mon vol aller.

Alors, je me suis procuré un autre billet aller sur une autre compagnie aérienne.

Or, votre service clientèle m'appris alors que je n'ai plus le droit d'utiliser mon billet retour pourtant dûment réservé, et qu'il me faudra aussi le racheter.

Vous conviendrez Madame que ce genre d'opération est inopportun et ne fait que nuire à la réputation de votre compagnie. Ce n'est pas parce que j'ai raté mon aller que vous allez me priver de mon retour que j'ai payé.

D'ailleurs, la loi considère ce genre d'acte comme nul et abusif et exige de la part de la partie reconnue responsable dommage et intérêt.

De plus, aucune compagnie aérienne n'adopte ce genre de comportement avec ses clients excepté la votre. Par contre, leur service client est d'une qualité irréprochable. Et par conséquent, à force de mécontenter vos clients, vous finirez par les perdre.

Par ailleurs, si je partage cette injustice sur les réseaux sociaux, elle devient une boule de neige et les citoyens pourront boycotter votre compagnie en guise de solidarité avec moi.

Je vous prie donc instamment Madame de réparer cette injustice et de valider mon billet retour

Recevez Madame, mes meilleures salutations

Moha

mmed

Yassine

Production écrite 21 : La criminalité

Certains pensent qu'il serait plus efficace que notre société prenne des mesures pour éviter la criminalité au lieu de se contenter de punir les criminels.

Qu'en pensez-vous ?

Rédigez un texte argumentatif dans quel vous exprimerez votre point de vue.

250 mots environ

Il dérange les gouvernements, inquiète les citoyens, fait régner la peur dans la société : le crime est l'un des fléaux qui suscite un débat permanent. Certains suggèrent de prendre des mesures pour l'éviter au lieu de se contenter de punir les criminels ; nous allons voir donc la justesse de cette opinion.

Il est vrai que l'application stricte de la loi est nécessaire pour punir les malfaiteurs et rendre justice à la famille de la victime ;

Cependant, il serait plus judicieux de faire un travail en amont/ au début pour empêcher les crimes et sauver la jeunesse des dangers de la prison.

À ce propos, Victor HUGO disait dans un poème : « *chaque enfant qu'on enseigne est un homme qu'on gagne* ». Ainsi l'école est le lieu où la personne apprend les valeurs morales, le vivre ensemble et le respect de l'autre et de la loi. L'échec scolaire sera garanti, si le pays n'accorde pas une grande importance à l'enseignement. Et par conséquent, la rue devient la deuxième école et la prison l'enseignement supérieur qui nous forme des criminels professionnels.

Enfin, plus les responsables s'attaquent à la racine du mal, moins il y aura de crime. Au fond, le vrai criminel, c'est le chômage, c'est la pauvreté, c'est l'injustice sociale, etc. si on trouve des solutions à ces problèmes, la criminalité devient une exception, et non la règle.

Tout ce qui précède nous amène à conclure que le mieux serait de faire un travail pédagogique et préventif d'abord ; et ensuite intervient la punition. Mais si les gens au pouvoir sont des voleurs, des personnes corrompues et échappent à la justice, comment peut-on moraliser le reste de la société ?

Production écrite 22 : Jeu virtuel et jeu réel

Certaines personnes préfèrent jouer avec leurs amis, d'autres ont un penchant pour les jeux vidéos. Quel est le point de vue qui vous semble pertinent. ?

Votre texte doit comporter environ 250 mots et l'épreuve dure une heure

L'homme depuis son enfance est fasciné par les jeux : Cache-cache, foot, jeu de carte, jeu de société ...ce sont des jeux collectifs qu'on peut pratiquer entre amis. Mais récemment/ dernièrement certaines personnes ont un penchant pour les jeux vidéo.

Alors quel est le choix le plus judicieux ?

Dans le raisonnement qui suit, nous allons voir les bienfaits de chaque type de jeux.

D 'une part, je préfère les jeux vidéo pour les raisons suivantes. Plus je pratique mes jeux vidéos préférées, plus je développe ma réactivité. C'est l'exemple du jeu Sniper. De plus certains types de jeux vidéo en ligne développe l'intelligence comme les jeux de puzzle , soduko , les échecs, d'autres jeux nous aident à mieux comprendre nos leçons, c'est le cas des jeux éducatifs.

Dans le même ordre d'idée, les pilotes font des simulations sur des jeux vidéo avant de piloter réellement un avion.

D'autre part, ce n'est pas parce que je suis passionné par les jeux vidéo que je n'ai pas d'amis. Avec ces derniers, je joue plusieurs jeux : foot, hand balle, jeu de carte, jeu de mots, jeu de société....

En effet, jouer avec mes amis a une influence positive sur ma santé physique et sur ma santé morale. Il n'y rien de mieux qui me rend heureux que de jouer avec mes meilleurs amis à la plage.

En guise de conclusion, l'idéal serait de concilier entre jeux vidéo et jeux avec ses amis. Mais n'est-il pas vrai que certains jeux vidéo violents et certains faux amis peuvent nous causer des problèmes graves ?

Production écrite 23 : La relation aux voisins

De nos jours, certaines personnes croient qu'il faut éviter de parler avec ses voisins et d'éviter tout contact avec eux pour vivre en toute tranquillité. Ces personnes sont certains que les voisins attirent des problèmes.

Vous rédigerez un texte argumentatif dans lequel vous exposerez votre point de vue appuyé par des arguments pertinents et des exemples probants. 250 mot

Ce sont des personnes avec qui on partage des moments de joie, des souvenirs et des douleurs, ils habitent à côté de nous, parfois on partage avec eux l'étage de l'immeuble. Ce sont nos voisins. Dans ce sens certains personnes pensent qu'aujourd'hui/ pour vivre en toute tranquillité et en paix il faut s'éloigner des voisins. Alors ce point de vue est-il fondé ?
Nous verrons dans le développement dans quelle mesure il faut les éviter ou non.

Les partisans de cette opinion avancent plusieurs arguments pour étayer leur avis :
D'abord les voisins sont source de problèmes. En

effet, à force de les contacter, d'échanger des visites avec eux, on finit par être victime de leur commérage. Ensuite,

C'est parce qu'on entre en contact avec les voisins qu'on se dispute avec eux. Les exemples sont plusieurs dans ce sens. Enfin, combien de fois, les voisins sont venus nous déranger pour emprunter de l'argent, alors qu'on faisait la sieste ?

S'il est vrai que les partisans ont des arguments, il n'est pas moins vrai que les opposants n'en manquent pas.

D'une part, l'être humain est un être social, il vit en groupe et en communauté, c'est pourquoi, il ne peut pas vivre seul, il a besoin des voisins. D'ailleurs, toutes les religions monothéistes recommandent le vivre ensemble et de bien traiter son voisin. Et n'est-il pas vrai que l'adage dit qu'on achète pas un appartement mais on achète un voisin.

D'autre part, plus on communique avec nos voisins et on entretient de bonne relation avec eux, plus ils nous aident et nous apportent leur soutien dans les moments délicats : mariage, funérailles... Ceux qui refusent de contacter les voisins, est-ce qu'ils peuvent organiser un mariage sans inviter leurs voisins ? La réponse est non. Est-ce qu'ils peuvent vivre seuls dans une région isolée ou enclavée comme des hommes primitifs ?

En guise conclusion, force est de constater qu'aujourd'hui on ne pourra pas éviter non voisins sous prétexte de vivre tranquille. Seulement il faut bien les choisir ou les « acheter » avant d'acheter un appartement.

Production écrite 24 : Le travail manuel

Aujourd'hui, certaines personnes croient que le travail manuel n'a plus de valeur dans notre société qui accorde beaucoup d'estime au travail intellectuel.

Vous rédigerez un texte argumentatif dans lequel vous exposerez votre point de vue appuyé par des arguments pertinents et des exemples probants. 250 mot

Dans la vie tout le monde rêve de trouver un travail où il peut s'épanouir et vivre heureux. Tout le monde, diplômés et non diplômés cherchent via internet un travail en fonction de leurs compétences. Mais certaines personnes trouvent que le travail manuel n'a plus de valeur. Alors ce point de vue est-il raisonnable ?

Je pense que ces personnes ont tort de considérer le travail manuel comme étant sans valeur. Certes, il existe des travaux manuels qui ne sont pas bien payés, comme le métier d'éboueur (celui qui travaille au service des poubelles), teinturier (personne qui teint des étoffes), les femmes de ménage...Mais, quel est le meilleur choix : travailler avec un salaire modeste ou rester au chômage ?

Par ailleurs, celui qui dévalorise le travail manuel, un jour il sera obligé de faire appel au service d'un électricien, d'un mécanicien, d'un menuisier, d'un maçon, d'un plombier... Ces gens qui croient que le travail manuel n'a plus de valeur, peuvent-ils réparer un robinet, réparer une coupure d'électricité ? ces gens peuvent-ils se passer de ces travaux manuels ? la réponse est bien sûr non.

En effet, le travail manuel est à la société ce que les racines sont à l'arbre, invisibles mais nécessaires. Ce genre de métiers doit être valorisé ; à défaut de travaux manuels, nous n'allons pas construire des maisons, des écoles, notre patrimoine culturel et artisanal serait disparu. D'ailleurs, la leçon qu'a tirée le personnage Candide dans le conte philosophique *Candide* de Voltaire est qu'il « faut cultiver notre jardin » c'est-à-dire qu'il faut travailler pour retrouver le bonheur : le travail intellectuel et le travail manuel.

Dans le même ordre d'idée, ce n'est pas parce qu'on exerce un métier intellectuel, qu'il ne contient pas une partie manuelle. N'est-il pas vrai que le médecin, l'informaticien, l'ingénieur... font appel à leurs intelligences mais aussi à leurs mains. En guise de conclusion, le travail manuel garde toujours sa valeur. Le prophète paix et salut sur lui, a dit que Dieu aime la personne qui gagne sa vie grâce au travail manuel.

Le travail manuel, n'est-il pas un travail artistique qu'on peut considérer comme une œuvre d'art ?

Production écrite 25 : Les réseaux sociaux

> Les réseaux sociaux sont de plus en plus utilisés par les jeunes et les adolescents. Certaines personnes approuvent ces réseaux sociaux d'autres s'y opposent fermement.
>
> Qu'en pensez-vous de ce phénomène ?

Facebook, Snapchat, Instagram..., ce sont des réseaux sociaux utilisés par la plupart des jeunes. Certains pensent qu'ils sont bénéfiques, d'autres trouvent qu'ils ont un aspect maléfique.

Alors, quel est le point de vue le plus judicieux?

je pense que ces réseaux sociaux ont aussi bien des avantages que des inconvénients

D'une part, ils permettent de réduire la distance entre les gens. En effet, les appels vidéos et les appels audio sont derrière l'abolition et l'effacement des frontières entre les pays du monde.

En outre, si ces applications sociales nous permettent de passer une communication téléphonique gratuite, est-ce qu'on va passer par un opérateur téléphonique payant ? La réponse est bien sûr non.

En plus, des fois on peut ne pas assister au cours pour des raisons de santé, mais on peut se rattraper grâce au groupe créé sur Facebook ou sur Watsapp où la leçon sera partagée par nos amis finalement c'est grâce aux réseaux sociaux que les peuples arabes ont fait leur révolution contre les dictateurs.

D'autre part, ces nouvelles applications à caractère social, peuvent avoir aussi des méfaits/ inconvénients.
D'abord, à force de passer la plupart de son temps sur ces réseaux sociaux, on finit par en de devenir addict.

C'est l'exemple de la Chine où il y a des cliniques qui soignent les adolescents de l'addiction et de la dépendance des réseaux sociaux.
Ensuite, plus on passe de temps sur facebook, watts App....moins on communique avec notre famille. Le monde virtuel l'emporte sur le monde réel : combien de fois, on a vu des adolescents qui chattent sur facebook pendant le petit déjeuner,

le déjeuner, le goûter, le dîner et négligent de parler avec leurs parents ?

Par ailleurs, c'est parce qu'on passe trop de temps sur ces réseaux sociaux qu'on ne réussit pas dans nos études.

Enfin, si on partage nos photos sur ces réseaux et on y dévoile notre vie privée, est-ce qu'on est sûr que nos données personnelles ne seront pas utilisées par des hackers pour nous arnaquer et nuire à notre image ?

C'est le cas de plusieurs célébrités qui souffrent des actions malveillantes des hackers qui attaquent leurs comptes sociaux.

En guise de conclusion, les réseaux sociaux ont des avantages comme ils ont des inconvénients, alors on doit faire un usage rationnel et équilibré de ces nouveaux moyens de communication. Mais, certains adolescents ne sont-ils pas des proies faciles pour des réseaux terroristes qui les attirent via / à travers ces réseaux sociaux ?

Production écrite 26 : la robotisation et l'intelligence artificielle

L'intelligence artificielle et la robotisation vont-elles se substituer à l'homme ?

Aujourd'hui, grâce à l'intelligence artificielle il y a de plus en plus de robots qui effectuent des tâches à la place de l'Homme. Certains présagent/ prévoient la disparition de plusieurs d'emplois et que les robots et les applications pourraient se substituer à l'être humain

Alors, faut-il s'alarmer et s'inquiéter de ce phénomène ?

Depuis la révolution industrielle, l'homme a créé des machines qui l'aident à produire de plus en plus de choses. Tout au long de l'évolution de la technologie, les robots commencent petit à petit à éliminer le rôle de l'être humain dans plusieurs domaines : industrie, agriculture... Certains spécialistes comme Bill Gates pensent que la machine va remplacer l'homme à l'avenir. Certes, l'utilité des robots dans la vie quotidienne est indéniable, ils servent à réduire le temps et économiser l'effort pour faire ses activités favorites : lire des bouquins, faire du sport, sortir avec les amis.... Il est vrai que les progrès technologiques ont soulagé nos jambes, puis nos bras ou nos mains, pour s'en prendre maintenant à notre cerveau.

Mais, l'abus de l'usage des machines ne peut qu'influencer négativement sur la place de l'homme. D'abord, plus on fait recours aux robots, moins il y a de métiers pour l'être humain. Et par conséquent, le taux de chômage augmentera considérablement , ce qui va engendrer beaucoup de problèmes sociaux : hausse du taux de criminalité, famille à l'épreuve de la précarité ...disparition de certains métiers : disquaire, les chauffeurs, d'autres sont menacés les mécaniciens, les caissières....

Est-ce qu'on peut assumer ces conséquences catastrophiques ? La réponse est sûrement « non ». Ensuite, la dépendance aux robots rend les gens paresseux, inutiles et stupides, étant donné qu'elle réduit la créativité de l'être humain.

La mentalité de la technique destructrice doit faire place à la mentalité de la robotique humaniste. La machine au service de l'homme et non l'inverse

En conclusion, la place de l'homme est irremplaçable, les machines peuvent contribuer par l'intelligence artificielle à faciliter les tâches quotidiennes, mais elles ne doivent jamais tenir la place de l'Homme. Alors, l'homme doit tirer profit des robots et des machines sobrement intelligemment en les contrôlant.

Production écrite 27 : Lire une œuvre ou regarder son adaptation

Préférez-vous la lecture des œuvres littéraires ou de voir leur adaptation au cinéma, au théâtre ?

Pour oublier le stress et les problèmes de la vie, et pour se ressourcer, il n'y a rien qui soit si important que la lecture d'un chef-œuvre. Cependant, d'autres personnes préfèrent voir ces romans adaptés au cinéma. Alors, que choisir lire un roman ou voir son adaptation ?

D'une part, la lecture d'un roman a plusieurs avantages : D'abord, on apprend beaucoup de mots nouveaux. Ensuite, on enrichit notre capital culturel à travers la découverte des coutumes, des civilisations, et de l'histoire d'un pays. Enfin, lire un roman développe notre imagination et nous procure un plaisir immense.

D'autre part, le film a aussi des atouts/ avantages: D'abord, il peut durer au maximum deux heures, il économise le temps, ce qui nous permet de faire d'autres tâches : écrire, faire ses devoirs, sortir avec ses amis... En plus, un roman adapté au cinéma aide à mieux comprendre l'histoire car on donne à voir le lieu de l'action et les personnages du romans sont incarnés par des acteurs, tel le roman Harry Potter qui est devenu l'un des meilleurs films dans le monde entier. Enfin, assister à un film développe la mémoire visuelle, qui est très importante pour assimiler les informations et les intégrer dans la vie quotidienne.

En guise de conclusion, l'idéal serait de lire d'abord l'œuvre littéraire et par la suite voir son adaptation et enfin faire une comparaison entre les deux.

Production écrite 28 : l'importance de l'orthographe dans l'emploi

De nos jours, beaucoup de chercheurs d'emploi ne s'intéressent pas à la qualité de l'orthographe lors de la rédaction d'un CV , d'une lettre de motivation . Certains recruteurs pensent que les fautes d'orthographes sont devenues un véritable fléau. Alors, ces erreurs pourraient-elle être un obstacle à l'emploi?

Certes, l'erreur est humaine, personne n'est parfait qu'il s'agisse de fautes de frappe ou de fautes d'inattention , on peut oublier un «s», une virgule, ou même des fautes de grammaire.
Cependant, certains des recruteurs tolèrent/ acceptent les fautes si elles ne sont pas nombreuses. D'autres recruteurs n'en laissent pas

une échappée. Ils estiment que les fautes d'orthographes reflètent un manque de respect à l'égard de l'entreprise recruteuse. Si on dépasse l'étape de recrutement, il serait intolérable de continuer à commettre des fautes d'orthographes. D'ailleurs, n'est-il pas vrai qu'on aura le sentiment d'humiliation et d'infériorité si notre supérieur ou un collègue pointe nos erreurs d'orthographe ?

Dans ce sens, des jeunes se voient régulièrement reprocher leurs lacunes orthographiques par leurs collègues. Ils commencent à se rendre compte à quel point cette question peut constituer un frein à leur évolution professionnelle. En plus, combien de fois, des candidats n'ont pas été recrutés à cause des fautes remplissent leurs lettres de motivation ?

Au terme de cette réflexion, une bonne orthographe et une bonne grammaire sont un signe d'intelligence et une une bonne image des candidats et je pense qu'il n'est jamais trop tard pour améliorer son orthographe.

Production écrite 29 : l'enseignement à distance

> L'enseignement à distance est-il plus efficace et fructueux que celui en présentiel ?

L'enseignement à distance prend petit à petit sa place respectueuse par rapport à l'enseignement présentiel surtout avec cette période exceptionnelle de confinement. Alors est-ce qu'on peut dire que cet enseignement à distance est plus efficace que celui en présentiel ?

Je pense que l'enseignement à distance n'est pas plus efficace que celui en présentiel pour plusieurs raisons :

D'abord, plus il y a l'enseignement se fait en présentiel plus il y a de chaleur humaine et de motivation pour les apprenants. Ensuite, l'enseignant est un coach/animateur dans sa classe et sans même que les élèves prennent la parole, il sait s'ils ont compris ou non en lisant dans leurs visages. Ainsi, il/elle pourrait modifier sa méthode, reformuler, répéter, apporter d'autres exemples...
En plus, à la maison, l'ambiance est plutôt électrique. Si les parents ne surveillent pas leurs enfants, ces derniers pourront vite glisser des révisions aux vidéos sur Internet.
Par ailleurs, les enseignants essaient tant bien que mal de communiquer avec leurs élèves grâce aux « environnements numériques de travail » (ENT), des services de messagerie et de partage de documents. Mais en pratique, les choses ne sont

pas si simples. Souvent, les professeurs rapportent des incidents logistiques et une grande difficulté à assurer un réel « suivi ». Car certains élèves n'ont ni les moyens pour avoir un ordinateur ou une connexion internet ni leurs parents n'ont le niveau socioculturel pour pouvoir les accompagner. Tant que la technologie n'est pas démocratisée (c'est-à-dire que tout le monde peut y accéder) les inégalités se creusent de plus en plus. Enfin, l'institution scolaire doit faire face aux multiples questions que se posent les familles sur les risques réellement encourus par leurs enfants quant à leur exposition aux différents écrans : smartphone, tablette, ordinateur.

En guise de conclusion, l'enseignement à distance devrait être un complément de formation et d'apprentissage au service de l'enseignement en présentiel. Mais n'est-il pas vrai qu'il faut d'abord faire bénéficier les enseignant d'une formation sur l'intégration du distanciel en présentiel ?

Production écrite 30 : Le sport sur ordonnance

Le sport sur ordonnance est-il une nécessité pour les malades ou juste un plaisir?

Le sport sur ordonnance a dernièrement fait son apparition dans le paysage législatif, sportif et médical. En effet, la loi précise qu'une activité sportive/physique, pourrait être prescrite par un médecin à des patients/malades. Alors, le sport sur ordonnance est-il un traitement efficace pour guérir des maladies ?

Il faut rappeler que ce genre de prescription concerne les patients/les malades dont la maladie rentre dans le cadre des Affections/maladie de Longue Durée, comme le diabète, le cancer, insuffisance cardiaque grave, insuffisance respiratoire grave, sclérose en plaque... Je pense que le sport sur ordonnance est comme un médicament qui soigne des maladies. D'une part, les avantages de l'activité physique sur la santé sont aujourd'hui reconnus de tous : réduction des effets secondaires, meilleur sommeil, diminution de l'anxiété, etc. Dans ce sens, plus on pratique le sport moins on tombe malade et plus on se rétablit/guérit.

D'autre part, grâce au sport, le malade reprend confiance en lui. À ce propos, les études scientifiques démontrent que le moral, l'esprit positif sont un excellent moyen pour venir à bout de la maladie. Ne dit-on pas un esprit sain dans un corps sain?

Par ailleurs, de nombreuses études mettent d'ailleurs en avant le rôle protecteur du sport contre certains cancers, notamment ceux du sein et du côlon : baisse de la fatigue liée aux traitements, disparition de certains symptômes. Dans certains cas, comme pour le diabète, le sport est administré en tant que remède/médicament, et souvent il permet de réduire les doses du traitement.

En guise de conclusion, le sport sur ordonnance permet à la fois de traiter les maladies de longue durée et de maintenir la santé. N'est-il pas vrai qu'il vaut mieux la prévention grâce au sport et une consommation équilibrée et bio plutôt que le traitement ?

www.ingramcontent.com/pod-product-compliance
Lightning Source LLC
Chambersburg PA
CBHW062231150726

47991CB00006B/2538